Lieutenant-Colonel PARENT

SOUVENIRS

D'un Officier du 13e de Ligne

A L'ARMÉE DE METZ

BATAILLE DE SAINT-PRIVAT (18 août 1870)

PRISE DE DEUX CANONS

AVEC 1 CARTE DANS LE TEXTE

(Extrait du *Spectateur militaire.*)

PARIS
HENRI CHARLES-LAVAUZELLE
Éditeur militaire
10, Rue Danton, Boulevard Saint-Germain, 118
(MÊME MAISON A LIMOGES)

SOUVENIRS

D'UN OFFICIER DU 13e DE LIGNE

A L'ARMÉE DE METZ

Lieutenant-Colonel PARENT

SOUVENIRS

D'un Officier du 13e de Ligne

A L'ARMÉE DE METZ

BATAILLE DE SAINT-PRIVAT (18 août 1870)

PRISE DE DEUX CANONS

(Extrait du *Spectateur militaire.*)

PARIS
HENRI CHARLES-LAVAUZELLE
Éditeur militaire
10, Rue Danton, Boulevard Saint-Germain, 118

(MÊME MAISON A LIMOGES)

SOUVENIRS

D'UN OFFICIER[1] DU 13e DE LIGNE

A L'ARMÉE DE METZ

Rapport du lieutenant Parent, *de la* 3e *compagnie du* 3e *bataillon, au colonel* Lion, *commandant le* 13e *de ligne.*

Au camp sous Metz, le 21 août 1870.

Mon Colonel,

J'ai l'honneur de vous rendre compte des faits qui se sont passés dans la journée du 18 août et qui ont amené la prise de deux pièces prussiennes par une section de ma compagnie (3e bataillon, 3e compagnie), commandée par moi.

Le feu de la batterie qui tirait sur nous s'était ralenti, ainsi que celui des tirailleurs qui occupaient le bois situé à notre droite ; à ce moment, mon bataillon s'était porté en avant. Lorsque nous fûmes arrivés au bas de la pente du plateau, deux pièces tiraient encore ainsi que quelques tirailleurs embusqués dans le bois.

Voyant que les pièces n'étaient que faiblement soutenues et qu'il devenait possible de les enlever, je me portai alors en avant en excitant mes hommes à me suivre ; je pris le pas de course, suivi par eux au nombre d'une dizaine d'abord ; une vingtaine d'autres de la compagnie arrivèrent ensuite.

Pendant que nous marchions ainsi en avant, je vis un chasseur à pied qui, seul, se dirigeait aussi vers la batterie.

---

(1) Le lieutenant Parent, de la 3e compagnie du 3e bataillon (commandant Gueden), du 13e de ligne (colonel Lion).

Notre marche en avant fit taire les deux pièces, qui tiraient encore ; il n'y avait plus d'ailleurs que trois ou quatre artilleurs qui se réfugièrent dans le bois de gauche.

Les quatre premiers qui ont mis le pied dans la batterie sont : le clairon Murat, de la compagnie ; le chasseur Hammoniaux, du 5e bataillon, qui ont occupé les deux pièces de gauche ; le caporal Pruvost et moi, qui avons pris la troisième pièce.

Les autres hommes ne sont arrivés qu'un instant après nous, et bientôt nous étions une trentaine dans la batterie ; j'étais le seul officier.

A peine arrivé, je vis un peloton de uhlans qui allait nous charger ; je fis placer les hommes à l'abri derrière les pièces et commencer le feu à 600 mètres. Quelques chevaux furent blessés ; le peloton, craignant qu'il n'y eût des forces derrière nous, fit demi-tour.

Pendant que tout ceci se passait, on avait sonné la retraite et mon bataillon avait dû exécuter le mouvement.

Je donnai ordre aux hommes de briser les écouvillons, de mettre les pièces hors de service ; je donnai également ordre à des hommes d'aller prévenir le colonel et le général de la situation dans laquelle nous nous trouvions dans la batterie ; puis, craignant que ces hommes ne se fissent pas comprendre assez clairement, j'allai moi-même rendre compte des faits ; à ce moment, le clairon Murat avait déjà prévenu M. le général de Bellecour ; pour moi, je parlai à ce moment à mon chef de bataillon ainsi qu'à un officier d'artillerie, qui reçut ordre d'aller avec ses chevaux chercher les pièces ; cet officier m'a demandé mon nom.

Le 3e bataillon s'est alors porté en avant ; ce mouvement a permis d'enlever les pièces que l'ennemi avait enterrées, de manière qu'elles ne puissent être enlevées que difficilement ; tous les crochets avaient été cassés pour empêcher de les atteler.

Telle est, mon Colonel, la suite exacte et l'entière vérité des faits.

Je suis, etc.

Signé : E. Parent,
Lieutenant au 13e de ligne.

CHAPITRE IER

Le 13e de ligne au bivouac sur le plateau d'Amanvillers, le 18 août 1870. — Le plateau, l'éperon, sa pointe, la longue croupe qu'il détache entre les bois de la Cusse et des Genivaux. — Les renseignements sur l'ennemi. — La grand'garde. — Le service habituel pris au réveil. — Le rapport journalier. — Avis d'une attaque possible de l'ennemi. — Pas de mesures prises. — A 11 h. 30, appel en armes. — A 11 h. 35, attaque par l'artillerie ennemie.

Le 18 août au matin, le 13e de ligne occupait son bivouac, établi depuis la veille sur le plateau d'Amanvillers, à l'ouest et près du village de ce nom ; ses trois bataillons, établis à peu près sur la même ligne, faisaient face au sud-ouest.

Une compagnie placée en grand'garde dans le bois de la Cusse, près d'Habouville, assurait sa sécurité en avant et vers l'ouest ; les bivouacs du 5e bataillon de chasseurs à droite, du 43e de ligne (1) à gauche, mais placés un peu en arrière, couvraient celui du régiment sur ses flancs.

Ces troupes, jusqu'à l'arrivée du 6e corps (2) à la fin de la journée du 17 août, avaient constitué, à la droite, l'aile extrême de l'armée.

Malgré l'arrivée du 6e corps, qui avait amené le déplacement du bivouac du 5e bataillon de chasseurs en particulier, la grand'garde du 13e de ligne (3) avait conservé le même emplacement.

---

(1) Ce bataillon de chasseurs et ces deux régiments d'infanterie formaient la 1re brigade, général Véron-Bellecour, de la 2e division (général Grenier) du 4e corps (général de Ladmirault).

(2) Le 6e corps (maréchal Canrobert).

(3) Capitaine Bourguignon.

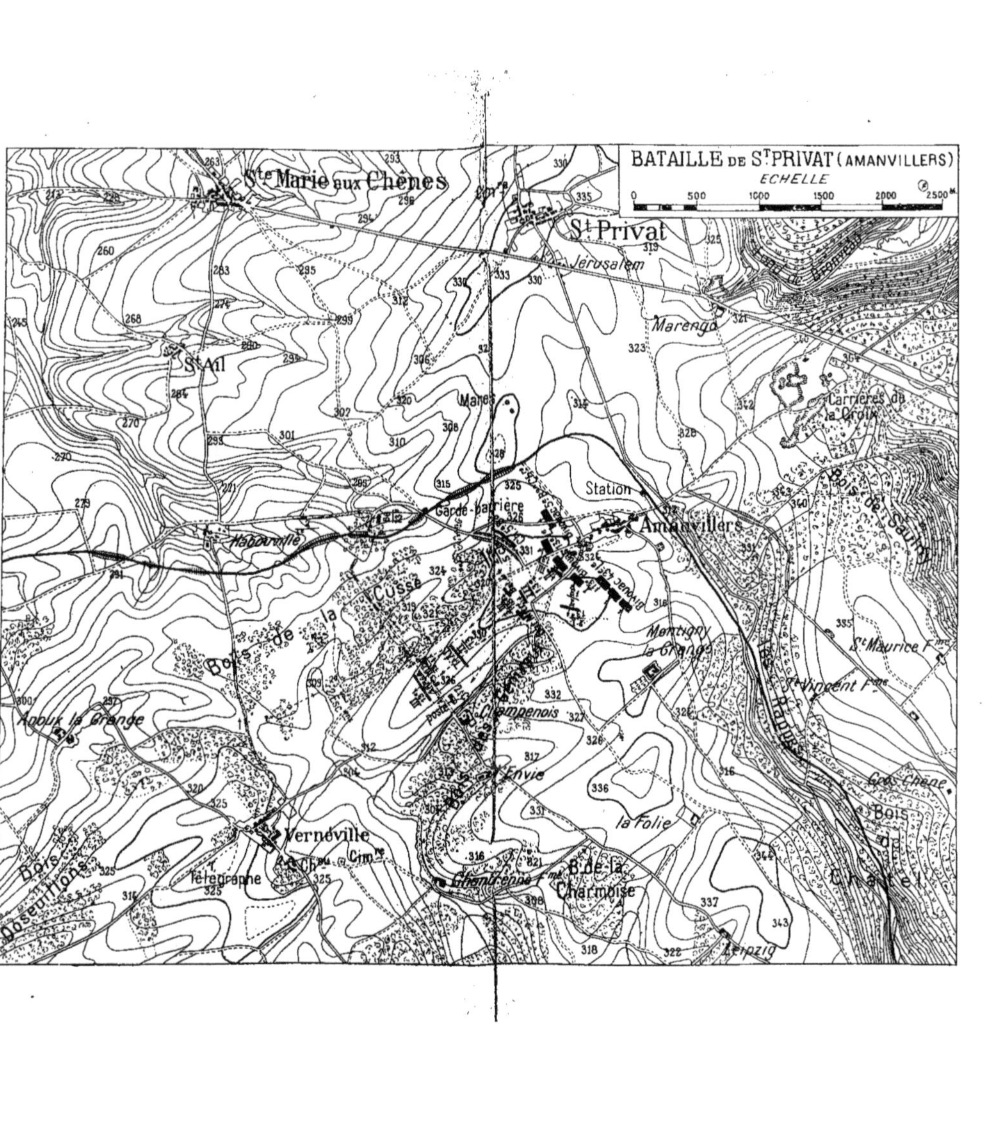
BATAILLE DE St PRIVAT (AMANVILLERS)
ECHELLE
0 500 1000 1500 2000 2500 M.
Ste Marie aux Chênes
St Privat
Jérusalem
Marengo
St Ail
Mares
Station
Garde-barrière
Amanvillers
Habonville
Cusse
Bois de la
Carrières de la Croix
Bois de Saulny
Montigny la Grange
St Maurice Fme
St Vincent Fme
Anoux la Grange
Champenois
l'Envie
Verneville
Cimre
Télégraphe
la Folie
Gros Chêne
Bois de Châtel
Bois Doseuillons
B. de la Charmoise
Chantrenne Fme
Leipzig

Le plateau d'Amanvillers (330 mètres ; sommet à 331 mètres) fait partie d'une ligne de plateaux (1) peu éloignés les uns des autres, se tenant à peu près à la même altitude, en forme d'arc de cercle ; au nord-est, ce sont les plateaux des Mares (325 mètres), de Saint-Privat (330 mètres, sommet à 335 mètres) ; au sud-est, ceux de Montigny-la-Grange (330 mètres), de la Folie (340 mètres, sommet à 345 mètres) et de Leipsig (340 mètres).

A l'est de la ligne de ces plateaux se dessine la ligne des hauteurs boisées de Jeumont, de Saulny (364 mètres), de Lorry et du Châtel, qui lui est parallèle ; le vallon de Moulins descend vers le sud-est dans l'intervalle qui les sépare. A 3.500 mètres du sommet du plateau d'Amanvillers se dessine une ligne de hauteurs boisées aussi et parallèle à celle de Jeumont-Saulny : ce sont les hauteurs de Vernéville, jalonnées par les plateaux de Vernéville (320 mètres, sommet à 325 mètres), de la Malmaison (325 mètres) et par le petit plateau 322.

Le vallon de Vernéville (309-304) descend vers le sud-est entre les deux lignes de plateaux.

Le vallon d'Habouville, dirigé vers le nord-ouest, descend du plateau des Mares, entre les pentes venant du plateau de Saint-Privat au nord et celles qui descendent du plateau d'Amanvillers vers le nord-ouest.

Les vallons d'Habouville, de Moulins et de Vernéville sont parcourus par des ruisseaux : ceux de ces deux derniers vallons vont se jeter dans la Moselle.

Ces trois vallons ont des formes bien accusées ; sur leurs versants sont creusés d'autres vallons plus petits dont certains sont parcourus par des ruisseaux.

Dans le vallon de Vernéville, sur son versant nord-est, nous remarquerons le vallon 329-321 et le vallon 325 (passant près de la ferme Champenois) venant déboucher

(1) Voir le croquis.

l'un au nord, l'autre au sud de la cote 304 (ruisseau de Vernéville) ; entre eux glisse la longue croupe qui descend du plateau d'Amanvillers et le quitte à l'éperon 330; un peu plus au sud-est, on remarque encore le vallon 307-304 passant près de la ferme de l'Envie, puis le vallon 321-308, qui rencontre celui de Vernéville au sud-est de la ferme Chanterenne.

Le plateau d'Amanvillers est complètement découvert ; il couvre une certaine étendue de terrain ; sa forme est très irrégulière ; ses plus grandes dimensions vont du nord-ouest au sud-est (1.000 mètres) et du nord-est au sud-ouest (800 mètres). Sa face nord est tournée vers les plateaux des Mares et de Saint-Privat. Sa face sud est légèrement concave ; elle donne naissance à l'une des branches du vallon de Champenois. Vers l'est, la lisière du plateau présente trois saillants ; les deux qui sont le plus au nord sont peu accentués et s'avancent dans le petit vallon 319, qui rejoint le vallon de Vernéville entre les cotes 309 et 304 dans son fond ; le troisième saillant forme une sorte d'éperon (330), qui détache du plateau vers le sud-ouest la longue croupe 330-226-312, qui s'arrête sur les bords du ruisseau de Vernéville, près de la cote 304.

Comme le plateau lui-même, cette croupe est complètement découverte.

Une sorte de monticule de peu de relief (331 mètres au pied) traverse le plateau dans une direction nord-sud, en arrière des cotes 329 et 330. Il a une longueur de 400 mètres et une largeur maximum de 350 mètres. Il présente trois saillants : celui de l'est, à sa base, donne naissance à l'éperon ; celui du nord est l'origine des deux petits saillants du plateau, 329 et 324 ; le troisième est à l'est de la légère dépression du bord du plateau. au sud de la croupe qui sert d'assises au village.

Les bois de la Cusse et des Genivaux couvrent le

terrain qui s'étend des deux côtés de la longue croupe d'Amanvillers : le premier est au nord, le deuxième au sud. Vers cette croupe ils tiennent leurs lisières à peu près parallèles l'une à l'autre à une distance de 450 mètres près du plateau, et de 500 mètres à hauteur de la ferme Champenois. Un peu au sud-ouest de cette ferme, bâtie dans l'intérieur du bois, près de sa lisière, celle-ci forme un coude et s'infléchit un peu plus vers le sud. Les deux bois ont leurs lisières extérieures fortement découpées par des défrichements, surtout du côté des plateaux ; de nombreuses clairières les aèrent ; on ne les soupçonne pas de l'extérieur, sauf pour le bois de la Cusse, du côté du plateau des Marcs. Des arbres de futaie ponctuent les lisières ; l'accès en est ainsi facilité pour l'entrée sous les bois qui sont débroussaillés, surtout celui de la Cusse, pénétrés en outre par des chemins, traversés par des mouvements de terrain peu accentués, ces bois peuvent être facilement parcourus dans tous les sens.

Quelques petits bouqueteaux, jalons laissés au milieu de coupes faites autrefois, sont disséminés un peu partout autour du bois.

Enfin, vers le plateau d'Amanvillers, les lisières des deux bois viennent enserrer l'éperon et s'approchent de ses bords jusqu'à 30 ou 40 mètres seulement, tandis que pour les autres plateaux elles s'en tiennent éloignées à des distances très variables et en démasquent la vue.

Les hauteurs de Vernéville sont couvertes par le bois Doseuillons qui s'étend à peu de distance des lisières sud des deux premiers.

Tout le terrain est traversé par des routes et par des chemins : à Amanvillers passent les deux routes de Saint-Privat par Lorry et par Moulins, ainsi que le chemin de Saint-Privat à Montigny-la-Grange. Les chemins d'Habouville et de Vernéville viennent y aboutir ; le deuxième sert de lisière au bois des Genivaux, mais l'autre traverse le bois de la Cusse. Les deux bois sont traversés par le chemin d'Habouville aux fermes de l'Envie, de Leipzig en passant par la ferme Champenois. Entre la cote 327 et la ferme Champenois, deux petits chemins traversent la lisière du bois des Genivaux et vont se perdre à l'intérieur vers le ruisseau ; un autre petit chemin, partant d'Amanvillers et passant par la cote 316, borde la lisière sud-est du bois de la Cusse et va à Vernéville.

Le chemin de Sainte-Marie aux Chênes à Gravelotte par Habouville et par Vernéville traverse le sud des deux bois. De Vernéville part un chemin traversant le bois Doseuillons et se dirigeant vers Batilly. Un peu au nord de ce village il en détache un autre passant au nord d'Habouville et rejoignant le chemin qui passe à la ferme Champenois et aux fermes de l'Envie et de Leipsig.

Maintenant que le terrain est connu, il paraît utile de parler de la troupe qui va bientôt entrer en action.

L'état moral du 13e de ligne était excellent ; le régiment en avait donné la preuve par sa vigueur aux journées des 14 et 16 août ; il était fier de ses succès que venait de lui rappeler le passage, le 17 août, à travers son bivouac, d'une colonne de prisonniers faits en partie par lui le 16 août. Ce sentiment était plus vif dans certaines compagnies (1). Aussi tout le régiment était-il con-

---

(1) Surtout dans la compagnie commandée par le capitaine Gillet (depuis général) et dans la mienne (la 3e compagnie du 3e bataillon) où j'étais lieutenant. Ces deux compagnies avaient fait de concert de nombreux prisonniers dans le ravin qui séparait la batterie de la division Grenier du plateau de Vionville; c'étaient elles aussi qui, chargées à dos par les dragons de la garde royale, mais prévenues à temps, avaient repoussé la charge et anéanti le régiment. Le capitaine Gillet, promu le 15 août, marchait avec sa nouvelle compagnie pour la première fois le 16; il avait été blessé, mais légèrement, au moment de la charge.

Ma compagnie et mon bataillon étant connus maintenant, je ne les désignerai plus à l'avenir que par leurs numéros; je ne me servirai non plus du mot : « Je », que forcé pour la clarté et la précision du récit.

fiant en lui-même, on pouvait tout en attendre ; il savait l'ennemi proche, il savait aussi comment le recevoir ; mais l'ennemi, où était-il ?

Les renseignements sur l'ennemi ne manquaient pas. Un sous-officier du 48e prussien, que j'avais fait prisonnier moi-même le 16 août, m'avait dit que le prince Frédéric-Charles s'avançait à marches forcées et serait bientôt là pour arrêter les succès des Français ; j'avais donné ce renseignement précieux au colonel et au général de brigade.

Le 17 août au matin, des paysans rencontrés pendant notre marche, en nous félicitant de nos succès de la veille, nous avaient assuré que l'ennemi en déroute était loin, tandis que d'autres, venus à Amanvillers vers 5 heures du soir, annonçaient que l'on voyait au loin de grosses colonnes prussiennes s'avancer vers Metz.

Dans l'après-midi du même jour, le capitaine commandant la grand'garde du 13e avait prévenu le colonel et le général de brigade que des pointes d'officiers prussiens avaient été vues en avant des lisières nord-ouest du bois de la Cusse, puis que des hommes à pied avaient pénétré dans le bois ; jugeant cela utile, il avait même envoyé ensuite un de ses officiers pour rendre compte que des patrouilles de plus en plus nombreuses y circulaient ; enfin, bien que cet officier, tout comme ses renseignements, ait été mal accueilli, voyant le nombre des patrouilles augmenter encore, le capitaine résolut d'aller lui-même en rendre compte au général de division ; il fut mal accueilli aussi et même blâmé pour avoir quitté son poste sans y être autorisé. Il s'y attendait d'ailleurs et il me l'a dit lui-même en regagnant sa grand'garde. Malgré le blâme prévu, il avait cru devoir venir, en personne, donner des renseignements permettant de croire à l'imminence d'une attaque de l'ennemi, peut-être pour la nuit même ou pour le lendemain tout au moins.

Vers 2 heures du matin, un clairon du 6e corps ayant sonné la générale, le régiment alla se former derrière les faisceaux ; après l'avoir attendue quelque temps, l'attaque signalée ne se produisant pas, les hommes regagnèrent leurs tentes.

Le capitaine commandant la grand'garde n'avait donc pas été le seul à prévoir une attaque.

Cette alerte, donnée au 6e corps, avait été causée par de nombreuses patrouilles ennemies qui avaient été signalées pendant la nuit, parcourant le bois de la Cusse en tous sens ; on sut qu'elles ne le quittèrent qu'à la pointe du jour.

Les causes de l'alarme avaient été confirmées le matin par le rapport du commandant de la grand'garde, envoyé de très bonne heure.

L'ennemi était donc bien près de nous et en contact même : la grand'garde ne fut pourtant pas renforcée.

Malgré tout cela le service habituel fut pris au bivouac dès le réveil et se poursuivit dans la matinée sans aucune modification ; on attendait des ordres, à tous ils paraissaient nécessaires ; ils ne furent donnés pourtant, qu'à l'heure habituelle, par la voie du rapport journalier.

A 9 heures du matin, le rapport prescrivait un appel en armes pour 11 h. 30 ; les tentes et les bagages des officiers devaient rester sur place ; des ordres étaient donnés pour les distributions ; enfin, le régiment était prévenu que l'on devait s'attendre à une attaque de l'ennemi, mais il n'était donné ni ordres ni instructions pour le cas où elle se produirait.

Aussi, vers 10 heures, on put voir partir les voitures des subsistances du régiment avec deux voitures à bagages d'officiers pour aller aux vivres.

Enfin, l'heure de l'appel ordonné approchait ; on voyait des attelages d'artillerie traverser le plateau allant à l'abreuvoir dans le bois des Geniveaux ou en revenant, en même temps que les compagnies se formaient déjà derrière leurs faisceaux.

A 11 h. 30 le clairon de garde sonna l'appel, qui fut fait rapidement ; au signal qu'il donna ensuite, les capitaines commencèrent l'inspection de leurs compagnies et je me dirigeai avec les officiers de semaine pour aller le rendre au capitaine de semaine ; nous étions formés en cercle, et déjà l'appel était reçu pour le 1er bataillon, lorsque plusieurs coups de canon se firent entendre, puis plusieurs obus passèrent très haut au-dessus de nos têtes ; les coups semblaient partir de pièces placées entre les bois de la Cusse et des Genivaux, mais plus près de ce dernier que de l'autre.

L'ennemi lui aussi avait répondu : « Présent ! » à la sonnerie de notre clairon ; il y avait comme un semblant d'ironie de sa part : l'heure était pourtant mal choisie pour lui, puisque le régiment était sous les armes, tout prêt à marcher. Il y avait aussi de l'audace, peut-être même un manque de renseignements précis sur l'emplacement de notre bivouac, qui avait poussé son artillerie à établir ses pièces à moins de 500 mètres des bords du plateau. Le mouvement de retraite si vite exécuté par elles tendrait à faire accepter comme exacte cette dernière hypothèse ; en tout cas, la réponse à l'attaque fut prompte et son audace cruellement punie.

Un peu avant l'appel de 11 h. 30, une courte fusillade avait été entendue du côté de notre grand'garde, qui avait déjà l'ennemi devant elle ; elle s'était repliée sur le régiment sans être inquiétée.

C'est ainsi que la grande bataille de Saint-Privat commençait à Amanvillers ; il était 11 h. 35 du matin exactement.

CHAPITRE II

Déploiement du régiment. — Le 3e bataillon à l'éperon, sa 3e compagnie à la pointe. — L'artillerie ennemie va prendre une deuxième position sur la croupe; une batterie et un soutien d'infanterie la renforcent. — La 3e compagnie seule contre les deux batteries. — Arrivée d'une batterie de mitrailleuses et d'une batterie de 4. — Le combat. — La batterie ennemie du bois de la Cusse écrasée par le feu de nos deux batteries et de la 3e compagnie. — Le feu de l'ennemi presque éteint. — Faute de munitions, départ de nos deux batteries. — Le feu de l'ennemi éteint. — Les batteries ennemies évacuées par les servants et par le soutien.

Il fallait agir vite, pour parer à l'attaque inopinée de l'ennemi ; cela put être fait facilement, parce que le colonel ainsi que les officiers supérieurs étaient près du cercle formé par les officiers de semaine et que les compagnies étaient sous les armes ; tous les ordres purent être donnés séance tenante, transmis et exécutés sur-le-champ.

Pour le déploiement du régiment, le colonel donna les ordres suivants : « Le 3e bataillon se portera droit devant lui et ira occuper l'éperon du plateau entre les deux bois, face à la coupure qui les sépare, et aura une compagnie en tirailleurs placée à la pointe; le 1er bataillon se formera en échelon en arrière et à la gauche du 3e et déploiera deux compagnies en tirailleurs en avant de son front ; le 2e bataillon restera en réserve derrière le centre du régiment ; les caissons à munitions suivront chacun son bataillon ; le mouvement va commencer sur-le-champ avec toute la rapidité possible. »

Le chef du 3e bataillon désigna la 3e compagnie, placée à la droite du bataillon, pour se porter en tirailleurs.

Les officiers de semaine, les ordres reçus de leurs chefs de bataillon, les transmirent en se dirigeant au pas de course vers leurs compagnies et bientôt tout le régiment en mouvement commençait son déploiement.

Le 3e bataillon s'était très rapidement porté en avant pour dégager la marche du 2e ; il s'avançait à une allure accélérée, précédé par sa 3e compagnie au pas gymnastique et déployée en tirailleurs, sous une nappe d'obus. Tout à coup le feu des pièces placées près du bois de la Cusse cessa.

Placé vers la droite de la compagnie pour donner la direction, je pus voir deux pièces prussiennes s'éloigner du plateau de ce côté et à toute vitesse, puis, peu après, deux groupes de deux autres pièces se retirer à leur tour. La 3e compagnie continua son mouvement, sa gauche seule soumise au feu des pièces placées près du bois des Genivaux et parties les dernières ; elle fut arrêtée un peu avant d'arriver sur le bord du plateau, qui fut garni par un éclaireur détaché de chaque escouade. Presque au même instant, la batterie ennemie commençait à arrêter ses pièces un peu en avant du débouché du chemin d'Habouville, la pièce de gauche assez près de la lisière du bois ; toutes faisant face au plateau, leur ligne était dirigée vers le bois des Genivaux sur un point placé un peu au nord du débouché du chemin de Champenois.

Pendant que cette batterie exécutait son changement de position, une deuxième batterie ennemie, venant de la direction de Vernéville, s'était portée à une allure peu vive vers le plateau en longeant la lisière du bois des Genivaux ; après avoir dépassé de peu le chemin de Champenois, elle s'était arrêtée et s'était placée sur le prolongement de celle déjà établie ; ses deux pièces de droite avaient pris la place des deux pièces de droite de l'autre batterie, qui, par erreur, étaient d'abord venues s'installer près du chemin de Champenois et avaient dû ensuite rejoindre les autres pièces déjà en position.

Tous ces mouvements des pièces furent vus par les éclaireurs déjà postés, et gênés par leur feu dirigé surtout sur les attelages ; dès que les groupes de 4 hommes eurent rejoint l'emplacement qu'ils avaient choisi sur la ligne des éclaireurs, ils ouvrirent un feu vif que l'on voyait efficace. Pour surveiller les bois et leurs lisières qui étaient près des ailes de la compagnie, les escouades de droite et de gauche reçurent l'ordre de faire de fréquentes patrouilles dans l'intérieur et de faire occuper les lisières par des sentinelles qui, en outre, pouvaient surveiller le bas des pentes du plateau.

Avant de commencer leur feu, les deux batteries avaient mis un temps appréciable ; pendant leur marche, l'une en retraite, l'autre en avant, elles avaient perdu des hommes et des chevaux ; lorsqu'elles s'étaient arrêtées sur la deuxième position de la batterie de la Cusse, les servants et les attelages avaient fourni un but fixe à atteindre par les tirailleurs ; de là de nouvelles pertes. Cela peut expliquer le retard qu'elles mirent à répondre au feu des tirailleurs, qui, pourtant, devait les gêner fort. Il semble en outre que les avant-trains des pièces laissèrent des gargousses et des projectiles avant de s'en éloigner. Les avant-trains de la batterie de la Cusse, en particulier, furent aperçus traversant la coupure découverte entre les deux bois ; ils marchaient à toute allure et se dirigeaient sur la lisière du bois des Genivaux, au sud du chemin de Champenois, pour disparaître à la vue ; ceux de l'autre batterie allèrent les rejoindre ; à ce même moment on remarqua une ligne de caissons venant de la direction de Vernéville : après avoir marché quelques instants vers les pièces, par un mouvement de conversion, elle se tourna vers la lisière du bois et disparut à la vue.

Avant-trains et caissons étaient donc loin des pièces.

Ce fait peut expliquer pourquoi le tir des batteries fut lent parfois ; mais il y a lieu, en outre, de tenir compte de l'action de notre feu sur les batteries elles-mêmes et sur leurs pourvoyeurs de munitions : ceux-ci, en effet, étaient gênés dans leur marche à travers un terrain découvert complètement battu par nos balles. Les pourvoyeurs de la batterie de la Cusse, placée très loin de ses caissons, étaient particulièrement les plus maltraités et obligés à un long détour pour être moins exposés aux balles ; cette remarque fut faite pendant le combat.

Le feu des batteries ennemies, enfin ouvert, avait commencé, quelques minutes avant midi, à prendre une certaine intensité ; il était toutefois peu meurtrier, tant pour les tirailleurs de la 3e compagnie que pour le 3e bataillon qui, seuls, étaient dans la direction de leur tir, mais bien abrités par le terrain, tant contre les vues que contre les projectiles. Aussi les tirailleurs pouvaient-ils soutenir la lutte sans désavantage, même contre les douze pièces des deux batteries.

Vers cette même heure, une batterie de mitrailleuses vint s'arrêter derrière la gauche de la 3e compagnie, sur une position bien abritée des vues de l'ennemi, grâce au terrain et à la lisière du bois des Genivaux ; j'en fus prévenu à l'instant.

Cette batterie était commandée par le capitaine de Saint-Germain (1), que je connaissais, que les hommes de la 3e compagnie connaissaient aussi ; cette compagnie avait, en effet, été son soutien de batterie le 14 août à Borny ; sans doute, les hommes étaient heureux du renfort qui arrivait, mais il y avait aussi pour eux le capitaine qui l'amenait.

Le capitaine de Saint-Germain était devenu populaire au 13e de ligne après la journée de Borny, tant il s'y

(1) Depuis général et sénateur.

était fait remarquer par le régiment, à cause de son sang froid, de son calme et de son habileté à diriger sa batterie.

Je tiens à parler ici — et le moment est bien venu — de cet admirable chef qui a mérité le souvenir respectueux et inoubliable de tous ceux qui, comme nous, l'ont vu au feu. Ce souvenir est dû à sa mémoire, je m'incline profondément devant elle. A nouveau, il allait montrer toutes ses belles qualités pendant le combat, particulièrement celles d'artilleur.

Je me portai vers le capitaine pour m'entendre avec lui ; je voulais aussi lui donner des renseignements qui, je le pensais, pouvaient tout d'abord lui être utiles ; je crus devoir insister sur ceux relatifs à l'emplacement que les avant-trains des pièces et les caissons de l'ennemi avaient pu prendre.

Sa reconnaissance terminée, le capitaine prit très rapidement ses dispositions pour amener au plus vite ses pièces sur la position choisie pour chacune d'elles.

Les pièces furent amenées à bras en avant chacune sur son emplacement, sa hausse toute prête pour le tir (950 mètres) ; la ligne des pièces se tenait un peu en arrière de la ligne des tirailleurs, sur une portion de terrain qui leur était très favorable, dominant les batteries ennemies de 14 à 15 mètres et les défilant bien de leurs vues.

A mesure que les pièces se plaçaient, nos tirailleurs se resserraient en se postant devant leurs intervalles pour ne pas être gênés par leur tir ; leur hausse fut rectifiée, d'après celle prise par la batterie ; toutefois celle de 900 mètres fut indiquée, car on connaissait la tendance de nos hommes à tirer trop haut.

Dès que toutes les pièces furent en position et prêtes à tirer, elles ouvrirent le feu inopinément sur la batterie ennemie du bois des Genivaux, qui ne s'était pas aperçue de leur arrivée ; cela avait pu se constater par ce fait que rien n'avait été changé dans sa manière de tirer.

Les mitrailleuses avaient ouvert leur feu depuis peu de temps, lorsque leur ligne fut prolongée sur leur droite par une batterie de 4. Cette nouvelle batterie s'était placée un peu en arrière de l'autre, vers le bois de la Cusse, mais le terrain qu'elle dut occuper ne lui était pas très favorable ; dès qu'elle le put, elle ouvrit le feu sur la batterie ennemie du bois de la Cusse. Son feu fut lent tout d'abord, car elle avait très peu de munitions ; mais celui que l'ennemi dirigea sur elle, car elle était bien vue de lui, fut assez vif et la gêna dès le début.

Sur la ligne des tirailleurs, le feu dirigé contre la batterie des Genivaux cessa, comme devenu inutile, celui des mitrailleuses étant bien suffisant ; mais il dut être continué contre la batterie du bois de la Cusse.

Pendant cette lutte entre les deux artilleries, la 3e compagnie avait envoyé de petites patrouilles pour explorer les bois. La patrouille envoyée, très loin même, dans le bois des Genivaux vers la ferme Champenois, n'avait pas aperçu d'ennemis ; au contraire, celle envoyée dans le bois de la Cusse avait observé une patrouille ennemie qui s'était détachée vers elle d'une troupe d'infanterie qu'elle jugea placée un peu en avant de la batterie ennemie. Pour prévenir aussitôt que l'ennemi avait du monde dans le bois, notre patrouille avait tiré quelques coups de feu ; l'ennemi y avait répondu ; mais, quand elle s'était retirée vers le plateau, elle n'avait pas été suivie par celle de l'adversaire.

Nous savions donc que, dans le bois de la Cusse seulement, l'artillerie prussienne avait un soutien.

La batterie ennemie opposée aux mitrailleuses souffrait beaucoup du tir dirigé contre elle, d'autant plus que la distance qui les séparait était très avantageuse pour nos pièces. Le tir de l'ennemi diminua vite d'intensité et finit peu à peu par s'éteindre presque. De ce côté, la situation entre les deux adversaires permettait aux mitrailleuses de venir en aide à la batterie de 4, qui semblait en avoir besoin ; c'est ce qui fut fait sans tarder.

De la position qu'elle occupait, la batterie de mitrailleuses pouvait facilement prendre d'écharpe les pièces ennemies du bois de la Cusse, qu'elle dominait d'une douzaine de mètres. Son capitaine résolut de profiter de ces avantages pour les contre-battre ; il me fit part de ses intentions ; sur sa demande, je fis ouvrir à nouveau le feu sur les pièces de la batterie des Genivaux. Dès que le feu fut commencé, libre alors du feu de sa batterie, il le dirigea subitement sur le nouvel objectif qu'il avait choisi et sans que la batterie ennemie ait pu s'y attendre.

Cette batterie ennemie fut alors soumise à l'action du feu de nos deux batteries et de celui de nos tirailleurs ; pendant un certain temps, un ouragan d'obus et de balles s'abattit sur elle. Voyant que les pièces ennemies paraissaient souffrir suffisamment du feu de nos pièces, je fis cesser celui de nos tirailleurs de ce côté. Peu à peu le feu de l'ennemi devint moins vif ; ses pièces finirent même par ne plus envoyer de projectiles que de temps en temps ; leur feu semblait presque éteint. L'effet voulu produit, les mitrailleuses reprirent alors leur tir sur la batterie des Genivaux ; cette batterie avait pu ranimer un peu le sien pendant que nos tirailleurs seuls lui étaient opposés ; mais, les mitrailleuses, agissant à nouveau sur elle, nos pièces réussirent presque à l'éteindre à nouveau.

La 3e compagnie, profitant de cette accalmie dans le tir des batteries ennemies, s'était réapprovisionnée en cartouches ; elle en avait grand besoin.

Les munitions allaient manquer bientôt à nos deux batteries qui n'avaient pas encore pu remplacer celles consommées pendant la journée du 16 août : le capitaine de Saint-Germain m'avertit que, faute de cartouches, il allait être obligé de se retirer avec ses pièces, mais en les enlevant l'une après l'autre ; pour masquer le mouvement, il me demanda de faire redoubler d'intensité le feu des tirailleurs. Il fut fait aussitôt ce qu'il désirait. En partant, le capitaine me dit qu'il allait se diriger vers Montigny-la-Grange, où il espérait trouver le parc pour refaire ses munitions.

La batterie de 4 se retira peu après le départ des mitrailleuses, dans les mêmes conditions et pour le même motif.

Nos deux batteries avaient quitté leurs positions depuis peu de temps, lorsque, sur toute la ligne des pièces ennemies, le feu, presque éteint déjà, finit petit à petit par cesser. De temps à autre, toutefois, on entendait encore un obus passer au-dessus de nos têtes, puis on n'entendit plus rien absolument.

La 3e compagnie aussi cessa son feu, sauf sur les pièces placées près du débouché des deux chemins sur les lisières du bois, parce que l'on voyait dans ces deux endroits des allées et venues de servants ; ces hommes semblaient occupés soit à l'évacuation de leur batterie, soit à chercher à emmener des pièces. Jugé enfin inutile, ce feu cessa également.

Le chef de bataillon avait fait déployer une deuxième compagnie en tirailleurs sur le terrain laissé libre par la 3e compagnie, resserrée à cet effet sur sa droite.

A son arrivée sur la ligne, cette compagnie, destinée à agir sur la batterie des Genivaux et à relier les tirailleurs du 3e bataillon à ceux du 1er bataillon, avait ouvert le feu au moment où la batterie de 4 allait se retirer ; elle avait soutenu le retrait des pièces de la ligne de combat ; son feu avait cessé avant celui de la 3e compagnie, parce qu'elle n'avait pas vu ce qui se passait près du chemin de Champenois : c'est parce que la 3e compagnie s'en était aperçue que son tir avait été dirigé aussi de ce côté.

L'ennemi, voyant notre feu cesser sur les pièces placées près des deux chemins, recommença, à la batterie de la Cusse seule, l'opération qu'il avait dû interrompre. La vue de deux cavaliers sortant du bois attira notre attention ; ils paraissaient être des officiers ; ils sortaient du bois puis y rentraient et continuaient sans interruption de ce mouvement de va-et-vient. En même temps on apercevait des servants passer derrière les pièces en se baissant ; ils faisaient le même mouvement de va-et-vient que les deux cavaliers : ce qu'ils faisaient devait être important, puisque des officiers les surveillaient.

Il fallait empêcher cela de se continuer, quelle qu'en fût la cause. Faire ouvrir le feu à nouveau, même par une petite fraction, c'était attirer l'attention de notre côté et faire croire peut-être à un nouveau mouvement de l'ennemi. Cela, il fallait l'éviter : c'est pourquoi je résolus de tirer sur les cavaliers de concert avec un sergent, très bon tireur. Chaque fois que l'un des deux cavaliers sortait du bois, il recevait quelques coups de feu pendant tout le temps qu'il était vu ; bientôt un cavalier se montra seul ; le sergent, ayant son arme un peu encrassée, dut laisser son tir ; pour moi, je continuai le mien ; après avoir brûlé quelques cartouches tout seul, peu après l'un de mes coups de fusil, je vis le cavalier sur qui je tirais chanceler puis tomber de cheval. Je cessai bientôt de tirer, ayant vu ensuite tout mouvement cesser derrière les pièces.

A partir de ce moment, ni les fusils ni les canons ne se firent plus entendre et aucun mouvement ne se fit plus remarquer derrière les pièces placées près du chemin d'Habouville. Les deux batteries ennemies semblaient abandonnées par leurs servants et même par leur soutien. En effet, la dernière petite patrouille envoyée en exploration dans le bois de la Cusse, et assez loin même vers les pièces, n'avait plus aperçu l'ennemi. Cependant celui-ci était venu tirailler près du plateau à plusieurs reprises et parfois vivement : le soutien de la batterie avait donc abandonné sa position ; elle la livrait de la sorte à une tentative de notre part pour aller l'occuper, c'est ce que je pensai ; mais, pour réussir, il fallut agir sans perdre de temps.

CHAPITRE III

Compte rendu et renseignements donnés par le lieutenant de la 3e compagnie. — L'ordre d'occupation des batteries provoqué par lui; le général de brigade le donne. — Le 3e bataillon désigné. — Précautions prises. — Le signal donné pour la marche. — Retour offensif de l'ennemi. — Les deux ailes du bataillon attaquées. — Le lieutenant de la 3e compagnie et sa section au pas de course sur les pièces. — Le bataillon dégagé. — La fuite de l'ennemi. — Le général de division ne le voit pas et fait sonner : « En retraite ». — Le 3e bataillon retourne vers le plateau. — La section a continué sa course; elle entre dans la batterie, s'en empare et y reste. — Le groupe des quatre premiers entrés dans la batterie.

Le chef du bataillon placé en arrière du bataillon, à sa place de combat, ne pouvait rien voir ni rien savoir qui pût l'engager à faire exécuter par une compagnie ou à exécuter lui-même avec tout le bataillon une opération ayant pour objet l'occupation des deux batteries abandonnées par l'ennemi.

Dans l'intention de renseigner le commandant, je me rendis près de lui et je lui exposai la situation : je le priai ensuite de se rendre vers la pointe de l'Eperon, sachant que, de là, il verrait bien tout le terrain. Il voulut bien y consentir, sur le terrain même, après qu'il l'eut bien examiné, je lui demandai l'autorisation d'aller occuper les batteries avec la 3e compagnie qui semblait toute désignée pour cela, vu la position qu'elle occupait et le rôle qu'elle avait joué pendant le combat ; j'ajoutai que je demandais cette autorisation pour la 3e compagnie pour le cas où le chef de bataillon ne voudrait pas le faire lui-même avec toute sa troupe.

Le commandant jugea que l'opération dont je lui parlais

était bien exécutable ; il s'en était rendu compte, mais il me dit : « J'ai ordre d'occuper cet Eperon avec le bataillon et sa pointe avec une compagnie en tirailleurs ; j'ai désigné la 3e compagnie pour cette mission, je ne puis donc ni bouger d'ici moi-même, ni vous autoriser à quitter votre position sans avoir reçu de nouveaux ordres ou sans y être autorisé pour exécuter l'opération que vous me proposez. Puisque vous me le demandez, allez voir le colonel ou le général de brigade ; présentez-vous de ma part, rendez compte de ma réponse ; je n'agirai que suivant les ordres qui seront donnés. »

Je quittai le commandant pour remplir cette mission ; fort heureusement M. le général Véron-Bellecour, voulant se rendre compte des motifs qui avaient fait cesser le feu de notre côté, se dirigeait vers le 3e bataillon. Je me présentai à lui et, après m'avoir entendu, il voulut bien lui aussi se rendre à la pointe de l'Eperon comme le commandant venait de le faire. Je le suivis. Comme le chef de bataillon, après l'examen du terrain et de la batterie, après mes renseignements et mes réponses aux quelques questions qu'il me fit, il jugea qu'il fallait agir et agir vite. Se tournant vers le chef de bataillon, qui s'était approché, il lui donna l'ordre d'aller occuper la batterie avec son bataillon ; il lui prescrivit de ne commencer son mouvement qu'après que l'on aurait acquis la certitude que le bois de de la Cusse n'était plus occupé par l'ennemi, comme en avait rendu compte la dernière patrouille. Le général me confia la mission d'aller vérifier le fait et il ajouta : « Si le bois n'est plus occupé, le lieutenant (et il me le désigna) donnera lui-même le signal de : *En avant*, s'il y a lieu. » Je convins d'un signal avec le commandant et je lui indiquai le point de la lisière que j'avais choisi pour entrer dans le bois et pour en sortir ; une sentinelle fut placée pour l'observer et transmettre mon signal, et je disparus sous bois.

Afin de marcher plus rapidement, je ne pris avec moi qu'un seul homme, le clairon Mura, de la compagnie ; il causait près de la lisière du bois avec un chasseur à pied; cet homme nous suivit à distance. Dans ma marche vers la batterie, je fis suivre la lisière du bois tourné vers celle du bois des Genivaux par le clairon qui se tenait à une petite distance d'elle ; il me servait de guide ; pour ne pas m'en écarter je me tenais à sa hauteur et à une distance variable, sans le perdre de vue. De temps à autre je m'arrêtais et le clairon sur la lisière du bois allait s'assurer, tant du côté du plateau que du côté des pièces, qu'aucun mouvement ne se produisait ; il me rendait compte et me faisait connaître en même temps la distance approximative qui nous séparait de la batterie. Nous avançions toujours sans que rien ne nous révélât la présence de l'ennemi ; on ne voyait rien, on n'entendait rien, pas même un coup de fusil tiré sur nous qui nous indiquât que nous étions vus nous-mêmes. Cependant nous étions loin déjà du plateau. Lorsque le clairon m'eût fait connaître que nous avions déjà parcouru plus de la moitié de la distance qui sépare les pièces du plateau, j'allai le rejoindre sur la lisière pour examiner la batterie. Derrière les pièces les plus rapprochées de la lisière, je pus voir des tas d'hommes et de chevaux couchés ; mon attention se porta aussi sur les pièces placées près du bois des Genivaux : je constatai le même fait. Sur toute la ligne des pièces je ne remarquai aucun mouvement d'hommes, je ne vis aucun servant derrière les pièces ni aucune sentinelle laissée par l'ennemi. De tout ceci il résultait la conviction pour moi que le bois de la Gusse, comme la batterie elle-même, était abandonné par l'ennemi, je me retirai vers le plateau. Sortant de la lisière du bois au point convenu, je donnai le signal de : *En avant !* en mettant le képi au bout du sabre que j'élevai en l'air, autant que je le pus ; pour mieux faire voir le signal par la sentinelle, je donnai ordre au clairon de mettre le képi au bout du fusil et de l'élever en l'air autant que cela lui était possible ; mais déjà mon signal avait été vu et avait été transmis au commandant. Sur son ordre, le bataillon, déjà rassemblé et couché pour n'être pas vu du dehors, était vite debout et se portait sur la batterie. Quant à moi, ma mission était terminée, je rejoignis ma compagnie placée à la droite du bataillon.

Placé moi-même à la droite de la compagnie, je fus chargé de surveiller la lisière du bois de la Cusse pendant la marche ; la même surveillance fut exercée du côté du bois des Genivaux ; aucune patrouille de flanc ne fut envoyée dans les bois.

Tout cela avait pris un certain temps, et il pressait ; aussi le bataillon, vigoureusement enlevé au départ par son chef et plein d'ardeur, s'avançait-il à une vive allure, en bataille, son centre dirigé sur le centre de la batterie, sans être couvert en avant par des tirailleurs ; M. le général Véron-Bellecour, resté à la pointe de l'Eperon, surveillait le mouvement.

Le bas de la pente du plateau allait être atteint, et l'on était à 400 mètres de la batterie, lorsque de la compagnie de gauche on aperçut plusieurs soldats allemands qui sortaient du chemin de Champénois et se dirigeaient vers les pièces les plus rapprochées du bois des Genivaux ; quelques instants après on entendit un coup de canon et un obus passer au-dessus des têtes ; cette compagnie s'arrêta seule et répondit par un feu à volonté nourri et reprit sa marche. Un deuxième coup de canon suivit de près le premier ; il y fut répondu de la même manière, mais du bataillon on entendit crier : « En avant ! en avant ! ne tirez pas ! marchez ! » Personne ne voulait plus d'arrêt, quel qu'en fût le motif, on voulait arriver au plus tôt dans la batterie.

Le 2e coup de canon était à peine tiré que la compagnie de droite (3e compagnie) fut assaillie à son tour, mais par une fusillade partie de la lisière du bois de la Cusse que je vis à un endroit occupée par une ligne de tirailleurs ennemis, bien embusqués derrière des arbres. En marchant, la 3e compagnie défilait sous un feu de plus en plus nourri menaçant aussi le front, le flanc droit et le revers du bataillon tout entier, qui était attaqué ainsi sur ses deux ailes à la fois.

Toujours placé à la droite de la 3e compagnie, je remarquai un certain mouvement d'hésitation se produire chez mes hommes ; ils regardaient la lisière du bois et semblaient tentés d'y faire face pour répondre à l'attaque. C'était alors l'arrêt dans la marche sur la droite du bataillon, peut-être même sur la gauche si le feu de l'artillerie continuait sur elle, et très probablement, dans ce cas, arrêt aussi pour le reste du bataillon, avec toutes ses conséquences possibles.

A tout prix et sur-le-champ il fallait empêcher cet arrêt de se produire ; je le pensai ainsi. Le temps manquait pour prendre des ordres ou même pour en recevoir, je résolus d'agir de ma propre inspiration.

Nous n'étions plus à ce moment qu'à 300 mètres de la batterie ; hanté à l'instant même par un souvenir de famille (1) jugeant que, seule, une marche rapide pouvait dégager la situation, je me portai vers le centre de ma section, puis, animant mes hommes par quelques paroles, je commandai : « En avant ! En avant ! » et je partis au pas de course sur les pièces, suivi par une dizaine d'entre eux d'abord, puis par une vingtaine d'autres ; je remarquai sur notre droite un chasseur à pied qui nous suivait tout seul.

(1) C'était le souvenir de mon grand-père maternel, le capitaine Lefebvre, qui me passait subitement par la mémoire; à Marengo il avait enlevé une batterie à la tête de sa compagnie et avait été blessé d'un coup de feu en arrivant sur une pièce. (Il fut retraité plus tard pour blessures; il en avait dix-sept, reçues aux armées de Sambre-et-Meuse, d'Italie et d'Espagne.)

Le feu des tirailleurs nous poursuivait ; une fois ou deux encore, on entendit le canon sur notre gauche, puis tout feu cessa subitement ; de ce côté on vit 3 ou 4 servants s'enfuir dans les bois, tandis que du nôtre les tirailleurs ennemis abandonnaient la lisière qu'ils occupaient.

Ainsi, cette course avait tout d'abord amené la fuite des servants et des tirailleurs et dégagé la marche du bataillon ; l'effet attendu était obtenu quand malheureusement on entendit du plateau un clairon sonner : « En retraite ! » Le bataillon fit demi-tour sur-le-champ et alla rejoindre son ancienne position : en chemin il avait relevé et emporté les quelques morts et les quelques blessés qu'il avait dû laisser derrière lui pendant qu'il marchait sur la batterie.

A l'instant où la sonnerie s'était fait entendre, je n'étais plus, avec les hommes qui me suivaient, qu'à 150 mètres à peine de la batterie dont les pièces nous tentaient, et l'élan était tel que la course continua ; un instant après, nous pouvions enfin les toucher, il pouvait être 1 h. 10.

Les quatre premiers qui entrèrent dans la batterie furent, dans l'ordre d'arrivée : le clairon Murat, moi, le chasseur Hammoniaux, du 5e bataillon, et le caporal Pruvost, de la compagnie. Le clairon et le chasseur prirent les deux dernières pièces de gauche, moi et le caporal la troisième pièce ; sur sa pièce, le clairon trouva une boîte de fusées explosibles qu'il garda ; pour moi, je m'emparai de la hausse que je trouvai sur la flasque droite de l'affût de la mienne. (Je la perdis malheureusement plus tard à la fin de la bataille.)

Les autres hommes qui nous suivaient arrivèrent, les uns après les autres, un instant à peine après nous.

Notre course, qui avait tout d'abord dégagé le bataillon sur le point de devenir maître de la batterie, avait eu ce résultat inattendu de la faire tomber au pouvoir de la petite poignée d'hommes que nous étions, trop peu nombreux même pour l'occuper tout entière, alors que tout pouvait faire penser, au début, que cela était réservé au bataillon tout entier.

Peu de temps après notre arrivée, nous fûmes fort heureusement renforcés par une dizaine d'hommes ; ces hommes, regrettant sans doute de ne nous avoir pas suivis à notre départ, avaient quitté la 3e compagnie pendant sa marche rétrograde ; ils étaient venus rejoindre leur section ; ils furent bien accueillis, d'autant plus que j'avais grand besoin d'un renfort, si faible fût-il.

Pendant notre course, nous n'avions perdu que 3 hommes blessés ; nous pouvions nous estimer heureux de n'en avoir pas perdu davantage. Nous devions sans doute ce résultat à notre marche si rapide, sous un feu intense pourtant ; quelques camarades qui les avaient vus tomber furent envoyés pour les relever ; ils les placèrent, à l'abri du soleil qui était très ardent, sur la lisière du bois.

En même temps, je me préoccupai des blessés de l'ennemi ; ils étaient nombreux et les morts aussi ; derrière les trois dernières pièces de la batterie, près de la lisière du bois, ils formaient de larges tas exposés au soleil ; près de la dernière pièce on me fit remarquer un officier blessé (on sait dans quelles circonstances). Au milieu de ces corps d'hommes, il y avait des chevaux tués ou blessés. Des ordres furent donnés pour mettre sans retard les blessés à l'abri du soleil très ardent et si dangereux pour eux.

Derrière les pièces de la batterie des Genivaux placées près de la lisière du bois, on voyait aussi des tués et des blessés, nombreux aussi, placés en tas ; mais ils paraissaient pourtant moins nombreux que ceux qui étaient derrière la batterie de la Cusse. Nous étions trop loin et trop peu nombreux pour qu'il fût possible de nous occuper d'eux ; je le regrettai.

CHAPITRE IV

Occupation des deux batteries par la section. — Poste et petits-postes établis. — Ordres et instructions donnés. — Nos pertes et celles de l'ennemi. — Le terrain occupé ; observations suggérées. — La corvée pour enlever les blessés et les morts. — Premier envoi de comptes rendus; renfort et attelages demandés. — Renseignements sur l'ennemi; leur importance. — Première alerte. — La cavalerie fait une démonstration. — Deuxième alerte. — Une autre troupe de cavalerie attaque par le bois de la Cusse. — Combat. — La fuite de l'ennemi. — Deuxième envoi de comptes rendus; nouveaux et très importants renseignements transmis. — Considérations à ce sujet. — La mise hors d'usage des pièces. — La section prête à tout événement. — Le général de brigade appelle à lui le lieutenant. — Le sergent-major prend le commandement pendant son absence. — Les renseignements confirmés. — L'offensive tout indiquée. — Le général de division s'y oppose. — On enverra des attelages pour emmener les pièces. — Un bataillon appuiera l'opération. — Les regrets du général de brigade.

Maître d'une batterie de douze pièces, à 1.000 mètres environ de la position que le 3e bataillon était allé réoccuper, j'étais livré à mes propres forces, une quarantaine d'hommes, exposé à une surprise de l'ennemi, étant isolé au milieu du bois surtout ; avec ce si faible effectif j'avais à constituer un poste central pour la défense, des petits postes pour assurer la sécurité du détachement et le tenir en communication avec le plateau, tout au moins par la vue ; et enfin j'avais besoin, pour le transport des blessés, de quelques hommes.

J'étais le seul officier dans le détachement ; comme gradés, j'avais avec moi le sergent-major (1) de la compagnie, 2 sergents, 3 caporaux, 1 clairon et 33 soldats environ.

(1) Le sergent-major Mariani; blessé le soir, fut promu sous-lieutenant en septembre 1870; retraité comme chef de bataillon.

Le poste central fut établi entre les 2e et 3e pièces, sous le commandement du sergent-major ; il était fort de 1 sergent, 1 caporal et 15 hommes. Deux petits postes furent placés : le premier, à l'entrée même du chemin d'Habouville ; le deuxième vers le milieu de la batterie, à hauteur de la 6e pièce (à partir de la gauche de la batterie), puis plus tard à hauteur de la 8e. Leur force était de 6 hommes pour l'un, de 4 pour l'autre.

Les consignes et les instructions données permirent à ces deux petits postes d'assurer la surveillance du terrain, celle du bois, celle des chemins et aussi la communication par la vue avec le plateau. Le petit-poste seul du bois de la Cusse reçut l'ordre d'envoyer des éclaireurs de temps en temps dans le bois.

Le poste central communiquait avec les petits postes ; c'était sur lui qu'ils devaient se replier dans le cas où ils y seraient forcés, tout comme les corvées désignées pour le relèvement des blessés ; ce service devait être assuré par les deux caporaux et les soldats restés disponibles sous les ordres d'un sergent.

Chacun des postes, outre sa consigne particulière, avait ses instructions en cas d'attaque, soit du poste lui-même, soit du détachement. Tout le monde savait ce qu'il devait faire et, en outre, connaissait la ligne de retraite, qui était la lisière du bois de la Cusse. Enfin, la corvée pour le relèvement des blessés avait reçu aussi ses instructions ; les hommes employés devaient conserver leurs armes en bandoulière.

Dès que le service fut commandé, les postes allèrent occuper leurs emplacements et la corvée pour les blessés put commencer son service ; m'étant assuré que tout le monde était à son poste, il me fut possible d'examiner le terrain en détail. Cela était indispensable pour moi.

En se plaçant à hauteur de la 2e pièce, près de la lisière du bois de la Cusse et en se tournant vers le plateau, on pouvait voir à peine la pointe du clocher d'Amanvillers ; on ne voyait pas de toitures des maisons du village. Du plateau, on ne voyait que la pointe de l'Eperon se projetant sur le bois de Saulny et l'on ne pouvait apercevoir aucune tente des bivouacs ; on ne pouvait même pas soupçonner l'emplacement de la ligne de tirailleurs, pourtant réoccupée en ce moment ; seule, la fumée pendant le tir pouvait le révéler. L'indication donnée par le sommet du clocher était même mauvaise pour l'ennemi, car le clocher était vu seulement par quelques pièces et placé fortement vers la gauche de la batterie.

Ceci peut expliquer pourquoi la batterie ennemie avait dû avoir beaucoup de peine à régler son tir, ainsi que nous l'avions constaté, la sonnerie du clairon sur le plateau lui avait donné une indication sur la direction du terrain occupé par nous : c'était là le seul renseignement qu'elle ait pu avoir lorsqu'elle avait ouvert le feu la première fois.

On pouvait voir maintenant l'emplacement des avant-trains et des caissons ; ils formaient une longue ligne bordant le bois des Genivaux, dont la lisière présente une courbe accentuée à une cinquantaine de mètres au sud du chemin de Champenois ; dans sa nouvelle direction la lisière prolongée vers Verneville ne permettait de voir que les dernières maisons du village ; la droite des avant-trains était elle-même à 50 ou 60 mètres de ce coude de la lisière ; c'est lui qui avait permis à l'ennemi de dissimuler les voitures aux vues du plateau ; devant les voitures, on voyait des corps de chevaux tués ou blessés.

Cela pouvait expliquer, avec l'action de notre feu, la lenteur remarquée de celui de l'ennemi, puisqu'il y avait lieu de tenir compte de l'éloignement des pièces de leurs caissons, ainsi qu'on le voit, surtout pour la batterie de la Cusse. En effet, pour aller chercher les munitions, les pourvoyeurs de cette batterie étaient forcés de traverser toute la coupure du bois, large à cet endroit de plus de

500 mètres d'une lisière à l'autre, très découverte et complètement battue par nos projectiles ; les pertes qu'ils subissaient étaient encore une cause de retard dans leur service.

La ligne des pièces formait un groupe de deux batteries de six pièces (1) ; elle s'étendait d'une lisière à l'autre des deux bois et avait un développement de près de 400 mètres ; ses deux extrémités étaient à une vingtaine de mètres en avant du débouché des deux chemins d'Habouville et de Champenois ; les pièces placées près de la lisière du bois en étaient distantes d'une vingtaine de mètres : toutes ces pièces étaient très écartées l'une de l'autre, surtout celles placées au centre même de la coupure du bois.

Le chemin de Champenois traverse le ruisseau, monte ensuite vers la ferme qu'il longe, laisse sur sa droite le petit chemin allant à Vernéville, puis, peu après, descend en tournant vers la droite ; il fait tout ce trajet sous bois. De la lisière la vue ne s'étend pas très au loin. Au contraire, le chemin d'Habouville permet de voir à plus de 1.300 ou 1.400 mètres de la lisière du bois de la Cusse ; il n'est pas droit pourtant, mais les coudes qu'il forme sont peu prononcés ; à plus de 800 mètres de la lisière intérieure du bois, ses côtés sont parfois découverts par des coupes ou bordés par des taillis très bas. Le terrain qu'il traverse est peu accidenté et coupé, à plus de 1.100 mètres de la lisière du bois, par la légère dépression du vallon d'Habouville. A peine à 100 mètres de la 1re pièce se trouve une petite éclaircie formée par une coupe peu large et peu profonde ; l'ennemi y avait déposé quelques blessés.

Pendant que je faisais cette reconnaissance, la corvée

(1) Ces deux batteries étaient des batteries hessoises. La batterie de droite du bois des Genivaux était la 2e batterie à cheval; la batterie de gauche du bois de la Cusse, la 4e batterie lourde.

des blessés avait commencé son service. Cette corvée était dirigée par le sergent disponible, ayant sous ses ordres les deux caporaux et les hommes qui n'étaient pas aux postes.

Suivant mes instructions, les blessés furent placés à l'ombre dans le bois près du chemin d'Habouville, afin que l'on puisse plus tard les retrouver plus facilement. On s'occupa en premier lieu de l'officier blessé : il fut transporté dans le bois et placé tout seul ; son sabre lui fut enlevé, sur mon ordre, par le clairon Mura. Les gradés avaient pour instruction de faire donner à boire à ceux des blessés qui le demanderaient ; parmi nos hommes, il y avait des Alsaciens qui pouvaient les comprendre ; il fallait prendre soin au sujet de l'eau à leur donner, car nos hommes n'avaient que leurs petits bidons, et il n'y avait ni fontaine ni source dans le voisinage.

Une fois le transport des blessés terminé, la corvée devait s'occuper d'enlever les morts et de les placer le long de la lisière du bois, mais à l'extérieur pour les séparer des blessés.

Je voulais avoir des renseignements sur l'ennemi ; des papiers trouvés (1) sur les morts pouvaient m'en donner. Pour cela, j'ordonnai au sergent de faire enlever aux hommes morts, et à eux seuls, sous sa responsabilité, tous les papiers qu'ils pourraient avoir ; tous ces papiers me furent remis et envoyés au général en même temps qu'un sous-officier qui fut fait prisonnier, ayant été trouvé au milieu des blessés, sans l'être lui-même. Lui aussi pouvait donner des renseignements : il m'apprit que

(1) Parmi les papiers recueillis sur les morts, on en trouva certains donnant l'indication des étapes parcourues jusqu'à ce jour par les détenteurs : on put constater ainsi que des troupes avaient été dirigées des frontières de la Pologne vers le Rhin plus de deux mois avant la déclaration de la guerre.

Quelques lettres préparées par eux pour leurs familles ou adressées par leurs familles donnèrent d'utiles renseignements.

les deux batteries étaient hessoises et donna le nom de l'officier blessé (1).

Tous les services fonctionnaient suivant mes ordres, je m'en étais assuré, lorsque le petit-poste du bois de la Cusse me fit prévenir que l'on voyait de longues lignes de tirailleurs ennemies en déroute passer en vue du chemin d'Habouville : j'allai constater le fait moi-même.

Comme je regardais ensuite du côté du plateau, ce que je faisais souvent, je vis que de la pointe de l'Eperon on nous observait aussi ; sans doute là-bas on désirait savoir ce qui s'était passé de notre côté depuis la retraite du bataillon ; on nous voyait, en effet, dans la batterie que nous occupions en toute tranquillité en ce moment, après les incidents qui s'étaient produits pendant la marche en avant du bataillon. J'avais à rendre compte à mes chefs de ce que j'avais fait et de ce qui s'était passé ; mais, avant de le faire, j'avais voulu être bien établi dans la batterie conquise : maintenant c'était chose faite, et le moment était venu de remplir cette obligation. J'avais besoin d'attelages pour emmener les pièces et aussi de renfort, tant pour occuper toute la batterie que pour parer à toute éventualité ; mais surtout, j'avais à rendre compte sans retard au général de brigade du fait que je venais de constater : la déroute de l'ennemi, devant la gauche du 6ᵉ corps. Or, ce fait n'avait pu être remarqué par personne au 4ᵉ corps ; le bois de la Cusse était l'obstacle qui empêchait d'avoir des vues du côté d'Habouville, je le savais, je connaissais le terrain de ce côté.

Pour transmettre mes comptes rendus, mes demandes et mes renseignements, j'appelai le clairon Mura et un homme que je choisis ; au clairon, je donnai la mission de se rendre directement auprès du général de brigade,

---

(1) Le capitaine Werner I, commandant la 4ᵉ batterie lourde hessoise.

vu l'urgence ; à l'homme, je confiai la même mission pour le chef de bataillon et pour le colonel, avec ordre à l'un et à l'autre de faire connaître la mission confiée à son camarade ; tous mes chefs devaient ainsi être informés en même temps et savoir que tous étaient renseignés. Sûr d'avoir été bien compris, je les fis partir, en leur recommandant la plus grande célérité dans leur marche. Le clairon était porteur du sabre de l'officier blessé dans la batterie, de la boîte de fusées explosives qu'il avait trouvée sur la pièce prise par lui et de papiers recueillis sur les morts ; je savais que quelques-uns de ces papiers pouvaient donner des renseignements utiles. Tous ces objets provenaient de la batterie dans laquelle il avait eu l'honneur d'entrer le premier ; je l'avais invité à le dire lui-même au général en les lui remettant, et par mon ordre ; je voulais de cette façon donner au clairon une première récompense due à sa valeur.

Le relèvement des blessés continuait toujours ; il demandait du temps et des soins. J'allai moi-même m'assurer que ce service se faisait bien ; j'étais accompagné d'un soldat alsacien ; cela pouvait me permettre de communiquer avec les blessés si je le jugeais utile ou s'ils le désiraient eux-mêmes.

Pendant que j'étais au milieu des blessés, le petit-poste placé au milieu de la batterie me fit prévenir qu'il venait d'apercevoir une troupe de cavalerie, estimée à deux escadrons comme force ; cette troupe était venue se placer derrière la lisière sud-ouest du bois de la Cusse, à près de 500 mètres du poste. En même temps, le petit-poste donnait le signal d'alarme : tout le détachement fut vite sous les armes, prêt à recevoir l'attaque : je constatai que mes instructions s'exécutaient bien.

Voulant voir cette cavalerie, je me dirigeai vers le petit-poste, qui était peu éloigné ; lorsque j'y arrivai, cette troupe quittait son emplacement et prenait une direction que le bois m'empêcha de reconnaître. C'était là un avertissement de nous tenir sur nos gardes contre une surprise ; je fis renforcer le petit poste avec 4 hommes pris dans la corvée des blessés et je le fis porter à hauteur de la 8e pièce pour mieux voir derrière la lisière sud-ouest du bois de la Cusse ; le détachement resta quelque temps sous les armes ; je fis reprendre le service des blessés, ne voyant rien se produire.

Après le départ du clairon, j'avais constaté que de nombreuses lignes de tirailleurs ennemies en déroute avaient continué à plusieurs reprises à traverser le chemin d'Habouville et que le même mouvement s'était étendu plus au loin ; quand il cessa, le petit poste du chemin m'en avertit.

Le transport des blessés étant terminé, on s'occupa des morts (1) ; cette opération se fit plus vite et prit fin bientôt. Tous les hommes de corvée allèrent renforcer le poste principal ; un caporal fut envoyé au petit poste de la batterie pour le commander.

En se rendant à son poste, ce caporal avait remarqué

---

(1) Le tableau ci-dessous donne l'état des pertes des deux batteries pour la journée, d'après l'extrait de *L'Artillerie allemande sous Metz*, par le capitaine HOFBANER, de l'Ecole d'application de l'artillerie et du génie (Berlin 1873, librairie Mittler, pages 37 et suivantes).

DÉSIGNATION DES UNITÉS	TUÉS — OFFICIERS NOMINATIVEMENT	Hommes	Chevaux	BLESSÉS — OFFICIERS NOMINATIVEMENT — Grièvement.	Légèrement.	Hommes	Chevaux
4e batterie lourde (capit. Werner I).	1er lieut. Goetze.	11	45	1er lieut. Walter I	Capit. Werner I (est resté avec sa batterie).	34	4
2e batterie à chev. (capit. König).	2e lieut. Ladewig	7	11	Dr Schesk	....	29	20 (1)

(1) Dont 15 durent être abattus.

que le chemin qui passe au nord-est de Vernéville, à travers le bois Doseuillons, était suivi par de l'artillerie : je pus contrôler le fait ; à certains endroits que l'artillerie devait traverser dans sa marche défilée au milieu du bois, elle se trouvait découverte à cause des coupes pratiquées du côté du vallon ; c'est à ces passages qu'elle fut aperçue par moi, bien que cachée un peu par les légers taillis poussés sur l'emplacement de ces coupes (1).

Il était exactement 1 h. 40 lorsqu'une deuxième alerte fut donnée, cette fois par le petit-poste du bois de la Cusse ; il signalait une troupe de cavalerie, vue au loin, qui se dirigeait à vive allure vers le chemin d'Habouville. Plus rapidement qu'à la première alerte, la section, déjà en éveil, fut prête. Je me rendis au petit-poste et je vis la cavalerie encore très loin de nous. J'eus le temps de prendre quelques dispositions appropriées à la situation, pour la bien recevoir. En peu d'instants les deux pièces qui se trouvaient le mieux placées dans la direction du chemin furent tournées vers le bois ; elles servirent chacune d'abri à 8 hommes couchés sous elles ou autour d'elles. Dans leur intervalle je fis placer le reste de la section qu'elles encadraient : le petit-poste du centre de la batterie resta seul en position et s'abrita de la même manière près de la pièce la plus voisine de lui ; de là, il continua à observer le côté du bois où il avait déjà vu de la cavalerie et se tint en garde, surtout dans cette direction.

Ainsi postée, la section reçut l'indication de la hausse à prendre (600 mètres), ce qui fut exécuté à l'instant même, et en outre celui d'un objectif invariable à viser, sans tenir compte du mouvement des cavaliers (c'était un petit buisson assez loin de nous, placé bien en vue sur le bord du chemin d'Habouville, dans le bois). Pendant pres-

(1) Le chef de ce petit poste me prévint qu'avant le passage de l'artillerie on avait vu passer de l'infanterie à plusieurs reprises.

que toute leur marche les cavaliers furent en vue ; ils disparurent un instant très court quand ils arrivèrent dans le fond du vallon d'Habouville ; lorsque ceux qui étaient en tête furent parvenus à 800 mètres environ de nous, le feu fut ouvert sur eux. Cette troupe finit par entrer dans la zone dangereuse de ce feu créée à dessein sur son passage forcé pour arriver sur nous et à un endroit où le chemin, ayant pénétré sous bois, interdisait tout mouvement latéral, surtout à des cavaliers lancés à très vive allure. Aussi quelques cavaliers purent seuls arriver à 300 ou 400 mètres de la lisière du bois que nous gardions ; ils avaient semé des leurs en route, atteints par des balles. Ne se sentant plus soutenus, ils firent demi-tour, pour s'échapper, mais ils se trouvèrent alors en face d'autres cavaliers arrêtés déjà dans leur marche par un certain nombre d'entre eux, tués ou blessés, et par les corps de leurs chevaux. Il en était résulté un grand désordre et cela sous notre feu, qui portait ; toute cette troupe, faisant aussi demi-tour à grand'peine, semant hommes et chevaux sur son trajet, prit la fuite au galop et disparut à nos yeux.

Vu la direction qu'ils avaient suivie pour leur attaque, les cavaliers ne parurent pas être ceux signalés auparavant. C'étaient des dragons hessois.

La charge repoussée, la section resta en position, en cas de retour offensif de l'ennemi, mais il ne se produisit pas. Tout le monde alla reprendre son poste.

Il fallait rendre compte sans tarder de l'attaque qui venait de se produire et de son résultat heureux pour nous, qui prouvait en outre que l'ennemi n'était pas en force du côté où nous étions placés. Il était urgent aussi de compléter les renseignements envoyés déjà par le clairon au sujet de la déroute de l'infanterie ennemie qui s'était accentuée et étendue au delà d'Habouville et aussi les renseignements nouveaux au sujet du passage de l'artillerie ennemie signalée au moment de la charge dans les bois derrière Vernéville et de celui de l'infanterie ; ni au 4e corps, ni au 6e corps, ils n'avaient pu être remarqués ; ils n'avaient pu l'être que par moi seul, parce que j'étais placé au milieu des lignes ennemies et à un endroit favorable pour voir.

Toutes ces choses étaient d'une extrême importance à être connues du général, et sur l'heure : déjà il était informé de la déroute de l'infanterie ennemie devant la gauche du 6e corps, au moment même où elle s'était produite ; l'entente nécessaire pour effectuer un mouvement offensif devant la soudure des deux corps pouvait se faire plus vite. Or ce mouvement tout indiqué, facile à exécuter et sur-le-champ au moment où le premier renseignement avait pu être transmis, semblait devoir être provoqué plus nettement par les nouveaux renseignements que j'allais envoyer.

En tout cas, une marche en avant, ne serait-ce que pour le 4e corps seul, était vigoureusement dessinée par l'occupation des deux batteries ennemies.

Des dispositions quelconques avaient pu être prises déjà dans un sens ou dans l'autre ; il importait que le passage de l'artillerie et celui de l'infanterie dans les bois derrière Vernéville fût connu, surtout par le 6e corps ; un terrain près d'Habouville paraissant être sa destination, en face de ce corps ; de toute façon, il importait que le général en eût connaissance. Toutes les considérations m'avaient rapidement traversé l'esprit, d'autant plus que les renseignements nouveaux pouvaient provoquer dans les deux corps des dispositions nouvelles ou faire modifier celles qui auraient pu être prises déjà.

J'appelai un sergent et un homme que je choisis pour leur confier la mission donnée déjà au clairon et à son camarade ; ils devaient répéter ce que les deux premiers avaient dû dire pour le confirmer et ajouter les comptes rendus et les renseignements nouveaux que je leur indiquai. Le sergent devait, à cet effet, se rendre auprès du général et le soldat auprès du commandant et du colonel ; tout devait être connu en même temps par tous mes chefs. Avant de les faire partir, je m'assurais que j'avais été bien compris et que rien ne serait oublié par eux ; sur mon ordre, ils se dirigèrent vers le plateau, en longeant la lisière du bois pour n'être pas remarqués du côté de l'ennemi par des observateurs qu'il aurait pu laisser, sachant où nous étions.

En attendant le résultat de mes demandes, comme il était possible qu'il n'y fût pas donné satisfaction, tout au moins à temps, j'avais à me préoccuper de cette éventualité ; le clairon était parti depuis de longues minutes, bien longues pour moi surtout ; j'aurais pu déjà avoir reçu une réponse quelconque, à mon avis.

A un moment donné, dans la situation où je me trouvais avec ma faible troupe, je pouvais être forcé de me retirer ; dans ce cas, il fallait ne laisser l'ennemi rentrer en possession de ses pièces, que je ne pouvais emmener, qu'après les avoir rendues aussi inutilisables que possible, pour un moment tout au moins, à l'aide des moyens si faibles d'ailleurs que j'avais à ma disposition, car je n'avais pas d'outils.

Tout d'abord je renouvelai mes ordres en cas de retraite forcée ou non ; je les complétai en tenant compte des éventualités suggérées par la dernière attaque de l'ennemi, et il fallait en prévoir d'autres, cela était prudent. Ces mesures prises, je m'occupai de la mise hors d'usage des pièces.

J'avais en ma possession la hausse de l'une des pièces ; celle-ci était donc inutilisable pour le moment ; pour les autres, je dus me borner à faire enlever ou faire détruire les quelques armements que l'ennemi avait laissés, faute de temps sans doute pour les emporter : c'étaient des leviers de pointage et des écouvillons que je fis briser et jeter au loin dans le bois. De la terre et du gravier furent jetés dans le mécanisme des culasses ; il en fut même introduit par la bouche dans l'âme des pièces.

Je constatai que, de son côté, l'ennemi, avant son départ, semblait avoir cherché à empêcher l'enlèvement facile des pièces par nous ; il le redoutait sans doute. Il avait, à cet effet, enlevé ou brisé tous les anneaux ou crochets susceptibles de servir à attacher les affûts à des prolonges ; deux pièces même avaient leurs roues assez fortement enterrées dans le sol, dur pourtant en cet endroit. Ce fait ne pouvait donc être attribué aux résultats du tir de ces pièces, mais à la volonté de rendre leur enlèvement plus difficile.

CHAPITRE V

Deuxième marche du 3ᵉ bataillon sur les batteries. — Deux attelages pour douze pièces. — Deux pièces emmenées sur le plateau. — Retour des attelages. — L'ennemi attaque par le bois de la Cusse. — Le combat. — L'ennemi arrêté; son feu presque éteint. — Deux autres pièces pouvaient être enlevées encore. — Départ des deux attelages. — Il étonne; ils se dirigent vers le plateau. — La mission du 3ᵉ bataillon est terminée; il quitte à regret la batterie et regagne sa position. — Les deux pièces prises sont conduites à Woippy le soir même, puis au Ban-Saint-Martin et enfin à l'arsenal de Metz, où les Prussiens les trouvent et en reprennent possession après la capitulation.

Les instructions en cas de retraite étant données et les pièces mises hors d'usage, dans la mesure du possible, j'étais prêt à tout événement; je pouvais, avec plus de sécurité, attendre des ordres, du renfort, des attelages ou l'ennemi lui-même.

Sur ces entrefaites, le petit-poste de gauche me fit prévenir qu'il apercevait des groupes d'officiers sur la pointe de l'Eperon et qu'en avant d'eux on reconnaissait le général de brigade, ayant près de lui le clairon Mura. Je fus heureux de recevoir cet avis ; j'étais sûr maintenant de recevoir bientôt des ordres ou une réponse à mes demandes ; à ce moment le général avait pu avoir vu le sergent ; il devait donc être au courant de toutes choses ; mais avait-il été complètement et exactement renseigné comme il le fallait ? Cela me préoccupait fort, d'autant plus qu'un temps assez long s'était écoulé depuis le départ de mes envoyés : vu l'état des choses, le temps pressait fort ; l'ennemi, lui, avait pu en profiter ; quant à nous, c'était encore à voir, à ma connaissance du moins.

C'est dans cet état d'esprit que je me portai en avant de la batterie ; me mettant bien en vue, je fis le signe répété de venir à moi, espérant recevoir à mon tour un signal quelconque qui pourrait me donner à l'avance une idée de la nature de la réponse que j'attendais. Mon impatience pouvait s'expliquer, puisque j'étais seul avec ma section depuis une heure de temps bientôt au milieu de la batterie.

A ce moment j'étais décidé à me diriger seul vers le général ; j'avais même fait appeler le sergent-major pour lui remettre le commandement pendant mon absence ; j'avais toute confiance en lui. Répondant à un des signaux, le général me fit lui-même signe de venir vers lui ; en même temps, il se portait un peu en avant. Je partis aussitôt, marchant aussi vite que je le pus. Le général causait encore avec le clairon lorsque j'arrivai près de lui ; il me dit d'attendre un instant pour lui parler. Il me fut possible de parler à mon chef de bataillon, qui se tenait près du général ; je fus accueilli on ne peut mieux par lui ; je le trouvai tout heureux des comptes rendus que je lui avais adressés et il en causait lui-même à un capitaine d'artillerie. Le commandant me fit connaître qu'il avait reçu du général de brigade l'ordre de se tenir prêt à marcher avec le bataillon pour aller soutenir l'enlèvement des pièces prises ; par le capitaine (1) j'appris que lui avait reçu une demande d'attelages pour aller chercher ces pièces, mais qu'il ne pouvait en fournir que deux, les seuls disponibles, à cause des pertes subies précédemment. Il

(1) Le capitaine Masson, du 8e régiment d'artillerie, tué plus tard à l'armée de Versailles. Il ne me parut pas avoir bien saisi la situation telle qu'elle était, il s'en faut; il pensait qu'il n'y avait que deux pièces de prises, alors que j'étais maître des deux batteries. Le temps me manqua pour la lui faire connaître, car il était pressé. Il semblait croire qu'il allait falloir, à ce moment même, engager une lutte nouvelle avec l'ennemi pour permettre l'enlèvement des pièces.

quitta le commandant pour aller hâter leur arrivée, me félicita, me demanda mon nom et en partant il me serra la main.

Le général m'ayant enfin appelé, je fus invité à parler ; tout d'abord je lui exposai les raisons qui m'avaient engagé à m'approcher et même à venir vers lui de mon propre mouvement au moment où lui-même m'avait fait signe de m'avancer ; il m'approuva et me dit de lui faire le compte rendu complet des faits et des événements qui venaient de se produire. Lorsque j'eus terminé, je lui demandai la permission de lui adresser moi-même cette fois la demande d'attelages et de renfort déjà faite par mes deux envoyés ; j'insistai ensuite sur l'importance que j'attribuais aux renseignements relatifs à la déroute de l'infanterie allemande signalée à deux reprises et à ceux relatifs à l'artillerie et à l'infanterie vues dans les bois en marche vers Habouville. Comme le général paraissait tout disposé à m'écouter, je crus pouvoir m'autoriser de cela pour exposer les quelques considérations dont il a été parlé plus haut, suggérées par des faits et des renseignements sûrs dont la valeur ne pouvait échapper même à un jeune officier comme je l'étais moi-même à ce moment. J'ajoutai que c'était pour cela que j'avais mis tant de diligence pour les lui faire connaître.

J'avais été écouté par le général, et même avec la plus grande attention. Après m'avoir posé quelques questions et demandé quelques renseignements, mes réponses entendues, il constata avec moi que mes deux envoyés s'étaient fidèlement et exactement acquittés de leur mission ; quant à mes demandes, le général voulut bien me dire en substance ce qui suit : « Votre bataillon, envoyé par moi sur la batterie, a été rappelé pendant sa marche par le général de division, qui a fait faire lui-même la sonnerie de : *En retraite ;* il le jugeait, étant isolé, trop loin de nos positions. Depuis, je lui ai donné connaissance de tous les renseignements que vous m'avez fait transmettre et des connaît vos demandes de renfort et d'attelages. J'ai de- connaît vos demandes de renfort et d'attelages. J'ai de- mandé au général de division l'autorisation de porter tout au moins votre régiment en avant ; il ne m'a accordé que celle d'envoyer votre bataillon, seulement pour soutenir l'enlèvement des pièces ; il devra revenir ensuite ici reprendre sa position ; deux attelages sont commandés pour cela, ce sont les seuls disponibles ; dès qu'ils seront là, votre bataillon se mettra en marche. »

En me parlant ainsi, le général me parut attristé de n'avoir pas réussi à obtenir davantage ; je compris qu'il avait dû tout faire pour marcher lui-même.

Quant à moi, je fus peiné de cette solution à laquelle j'étais loin de m'attendre, étant donné ce que le commandement savait par les renseignements que j'avais envoyés ; je ne pus m'empêcher de songer que, deux jours auparavant, les choses s'étaient déjà passées comme cela.

Dès qu'il vit les attelages arriver, le commandant du 3e bataillon se mit en marche sur la batterie, pour la deuxième fois.

Ces deux attelages avec un brigadier étaient conduits par un lieutenant du 8e régiment d'artillerie (1) ; quand il me vit, il s'approcha de moi et me serra la main en me félicitant et me demanda mon nom.

Je laissai les attelages suivre le bataillon à distance et je me retirai pour le rejoindre, lorsque le général voulut bien m'y autoriser ; à ce moment le colonel arrivait, mais il était encore loin de nous, je n'eus pas le temps de lui parler, car le bataillon, qui marchait très vite, était déjà à une certaine distance du plateau.

---

(1) Le lieutenant Palle, depuis général, il ne me parut pas mieux renseigné que son capitaine sur la situation telle qu'elle était en réalité.

J'avais hâte de rejoindre ma section ; mais, malgré toute ma diligence, je ne pus arriver près d'elle que précédé de quelques pas par le bataillon, tant son allure avait été rapide.

Le bataillon avait été arrêté à une vingtaine de pas des pièces. Le commandant laissa ma section et mes petits-postes en position, tels que je les avais placés, et ne prit aucune disposition nouvelle. C'est ainsi que ni les chemins ni les bois ne furent parcourus par des patrouilles que j'aurais envoyées, si le faible effectif que j'avais ne me l'avait interdit. Quant à la batterie elle-même, son occupation resta limitée, comme elle l'était par moi, à celle des huit pièces de gauche. Il était nécessaire d'occuper les angles des bois du côté de Vernéville par des petits postes ; il n'en fut rien fait.

Arrivés peu après le bataillon, les attelages purent emmener deux pièces ; les conducteurs éprouvèrent quelques difficultés pour amarrer leurs prolonges aux affûts, tous les anneaux et crochets en ayant été enlevés par l'ennemi.

Lorsque les attelages furent prêts pour le départ, le clairon et le chasseur grimpèrent chacun sur une pièce, et à cheval sur la volée, ils s'éloignèrent accompagnés par les rires de leurs camarades.

Les deux pièces furent laissées par les attelages au pied de la pente raide qui descend du plateau. Peu de temps après, d'autres attelages vinrent les prendre ; leur arrivée sur le plateau fut saluée par les acclamations joyeuses des hommes qui faisaient une ovation au clairon et au chasseur, on les entendait de la batterie.

Cette arrivée de deux hommes, à cheval sur les pièces, disant à tous que c'étaient eux qui les avaient prises, fit croire sur le moment au 13e de ligne resté sur le plateau, au 5e bataillon de chasseurs et à d'autres régiments qu'ils traversèrent en passant, qu'à eux seuls revenait tout l'honneur du succès, alors que d'autres qui les avaient prises aussi en gardaient encore dix autres, en attendant les attelages qui devaient les emmener.

Les deux attelages, revenus sur leurs pas pour prendre deux autres pièces et les emmener, étaient déjà arrivés à une cinquantaine de mètres de la batterie, lorsque le petit-poste de gauche donna l'alarme, signalant l'approche d'une troupe d'infanterie qui se dirigeait vers la lisière sud-ouest du bois de la Cusse. Presque au même moment on entendit un échange de coups de fusil entre le petit poste et cette infanterie. A peine avait-elle été vue, que déjà elle avait pénétré dans le bois ; de petits bouqueteaux de bois proches de cette lisière lui avaient permis de dissimuler sa marche jusqu'au dernier moment ; arrivée subitement sur la lisière sud-est tournée vers le bois des Genivaux, elle dirigea son feu sur la droite du bataillon, près de laquelle se trouvait un groupe d'officiers qui allaient rejoindre leurs compagnies. Le feu était assez vif, mais semblait envoyé par une troupe peu nombreuse.

La compagnie de gauche du bataillon, qui s'était porté tout entier au delà des pièces, ayant bien vue sur la lisière occupée par l'ennemi, dirigea sur lui un feu nourri qui soutint avec succès celui du petit poste ; l'ennemi dut cesser de s'avancer et ralentit son feu.

Les pièces étaient maintenant couvertes par le bataillon ; les attelages étaient à même de pouvoir amarrer leurs prolonges aux affûts de deux autres pièces, sans être gênés par le feu de l'ennemi, et elles avaient tout le temps pour cela ; nous étions là pour les soutenir et nous le faisions avec succès. Cependant, à notre grand étonnement à tous, on les vit faire demi-tour et se retirer sans même avoir tenté l'opération.

Le feu de l'ennemi nous avait fait perdre quelques hommes tués ou blessés ; l'un des premiers atteints fut le capitaine Méry, avec qui je causais ; quelques hommes de la

3e compagnie, placés près de nous, furent également blessés au même moment.

Peu de temps après l'arrivée du 3e bataillon dans la batterie, la présence dans le bois de la Cusse d'une compagnie de chasseurs du 5e bataillon de chasseurs avait été signalée ; cette compagnie s'était arrêtée à une centaine de mètres en arrière du 3e bataillon et près de la lisière du bois. Elle n'était restée là que quelques instants, puis s'était retirée sans avoir envoyé dans la batterie un groupe d'hommes quelconque ; le seul chasseur qui y ait pénétré fut le chasseur Hammoniaux, que l'on connaît, et pas un seul autre.

Les attelages étaient partis et continuaient leur route vers le plateau ; le feu de l'ennemi avait cessé. Le bataillon restait maître de la batterie ; malgré cela, les attelages ne revenant pas, le commandant, voyant que sa mission était terminée, fit faire demi-tour bataillon et le dirigea à regret vers le plateau.

Pendant sa marche rétrograde, le bataillon reçut encore quelques coups de fusil, sans que, toutefois, personne fût atteint ; le petit-poste de gauche, resté en position quelques instants après le départ, avait suffi pour assurer la tranquillité pendant ce mouvement. Avant son départ, le commandant avait fait enlever et transporter vers notre position les quelques tués et les quelques blessés que nous avions eus ; la 3e compagnie avait relevé les trois blessés que la section avait perdus pendant sa course sur les pièces, à son passage près de l'endroit où ils avaient été abrités, et les transporta avec elle jusqu'au plateau.

Lorsque le 3e bataillon réoccupa pour la deuxième fois sa position sur le plateau, il n'y resta que peu de temps ; il fut presque aussitôt remplacé par le 2e bataillon, jusque-là en réserve, et alla lui-même prendre la place de celui-ci. A ce moment, il était 2 h. 45 exactement. Je constatai que nous n'avions pas une seule batterie en position sur le plateau, à cette heure-là.

Les deux pièces emmenées par les attelages furent dirigées d'abord sur Woippy, puis plus tard sur le Ban-Saint-Martin, où elles stationnèrent pendant quelques jours, je les ai aperçues placées derrière la porte d'entrée d'une grande ferme. De là, elles furent envoyées à l'arsenal de Metz où les Prussiens les retrouvèrent et purent en reprendre possession, après la capitulation.

TABLE DES MATIÈRES

CHAPITRE Ier.

Le 13e de ligne au bivouac sur le plateau d'Amanvillers, le 18 août 1870. — Le plateau, l'éperon, sa pointe, la longue croupe qu'il détache entre les bois de la Cusse et des Genivaux. — Les renseignements sur l'ennemi. — La grand'garde. — Le service habituel pris au réveil. — Le rapport journalier. — Avis d'une attaque possible de l'ennemi. — Pas de mesures prises. — A 11 h. 30, appel en armes. — A 11 h. 35, attaque par l'artillerie ennemie.............................. 7

CHAPITRE II.

Déploiement du régiment. — Le [illegible] bataillon à l'éperon, sa 3e compagnie à la pointe. — L'a[illegible]erie ennemie va prendre une deuxième position sur la cro[illegible]: une batterie et un soutien d'infanterie la renforcent. — [illegible]e compagnie seule contre les deux batteries. — Arriv[illegible]ne batterie de mitrailleuses et d'une batterie de 4. — [illegible]ombat. — La batterie ennemie du bois de la Cusse écr[illegible]par le feu de nos deux batteries et de la 3e compagnie. — [illegible]eu de l'ennemi presque éteint. — Faute de munitions, dépa[illegible] nos deux batteries. — Le feu de l'ennemi éteint. — Les ba[illegible]ies ennemies évacuées par les servants et par le soutien.......................... 17

CHAPITRE III.

Compte rendu et renseignements donnés par le lieutenant de la 3e compagnie. — L'ordre d'occupation des batteries provoqué par lui; le général de brigade [illegible]onne. — Le 3e bataillon désigné. — Précautions prises. — Le signal donné pour la marche. — Retour offensif de l'ennemi. — Les deux ailes du bataillon attaquées. — Le lieutenant de la 3e compagnie et sa section au pas de course sur les pièces. — Le bataillon dégagé. — La fuite de l'ennemi. — Le général de division ne le voit pas et fait sonner : « En retraite ». — Le 3e bataillon retourne vers le plateau. — La section a continué sa course; elle entre dans la batterie, s'en empare et y reste. — Le groupe des quatre premiers entrés dans la batterie.. 27

CHAPITRE IV.

Occupation des deux batteries par la section. — Poste et petits-postes établis. — Ordres et instructions donnés. — Nos pertes et celles de l'ennemi. — Le terrain occupé; observations suggérées. — La corvée pour enlever les blessés et les morts. — Premier envoi de comptes rendus; renfort et attelages demandés. — Renseignements sur l'ennemi; leur importance. — Première alerte. — La cavalerie fait une démonstration. — Deuxième alerte. — Une autre troupe de cavalerie attaque par le bois de la Cusse. — Combat. — La fuite de l'ennemi. — Deuxième envoi de comptes rendus; nouveaux et très importants renseignements transmis. — Considérations à ce sujet. — La mise hors d'usage des pièces. — La section prête à tout événement. — Le général de brigade appelle à lui le lieutenant. — Le sergent-major prend le commandement pendant son absence. — Les renseignements confirmés. — L'offensive tout indiquée. — Le général de division s'y oppose. — On enverra des attelages pour emmener les pièces. — Un bataillon appuiera l'opération. — Les regrets du général de brigade. 34

CHAPITRE V.

Deuxième marche du 3e bataill[illegible]n sur les batteries. — Deux attelages pour douze pièces [illegible] Deux pièces emmenées sur le plateau. — Retour des [illegible] ues. — L'ennemi attaque par le bois de la Cusse. — Le [illegible] abat. — L'ennemi arrêté; son feu presque éteint. — De[illegible] tres pièces pouvaient être enlevées encore. — Départ [illegible] eux attelages. — Il étonne; ils se dirigent vers le plate[illegible] La mission du 3e bataillon est terminée; il quitte à reg[illegible] batterie et regagne sa position. — Les deux pièce[illegible] sont conduites à Woippy le soir même, puis au Ba[illegible] Martin et enfin à l'arsenal de Metz où les Prussiens [illegible] ouvent et en reprennent possession après la capitula[illegible] 47

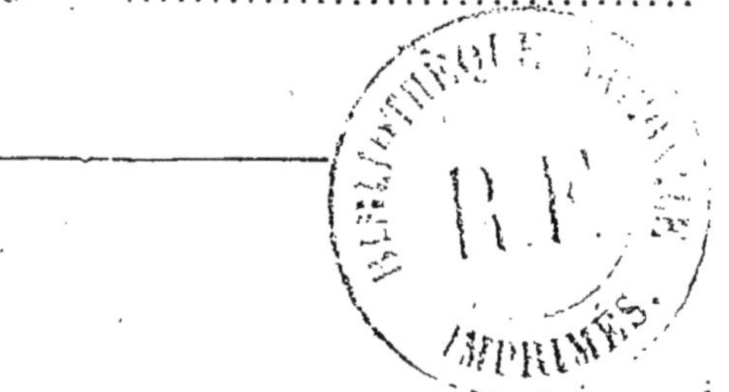

Paris et Limoges. — Imprimerie et librairie militaires Henri CHARLES-LAVAUZELLE.

www.ingramcontent.com/pod-product-compliance
Ingram Content Group UK Ltd.
Pitfield, Milton Keynes, MK11 3LW, UK
UKHW021508260726
13993UKWH00004B/1611

9 782019 932749